# はしがき

本書は、これまで国語で学んだ内容をおさらいし、高校の国語学習の基礎を固めるための一冊です。一つ上のステップへ進むために、基本をしっかり確認しておきましょう。

- 1回あたり30分程度で無理なくこなせる分量です。計画的に解き進めていきましょう。
- 各回の内容は **今回のポイント** でチェック。要点を意識しながら解けば、より効果的な学習ができます。
- 「漢字」「言葉」「表現」「論理」は基本のトレーニング。数をこなして基礎力を磨きます。
- 「現代文入門」では本格的な問題演習にチャレンジ。解答サポート問題 **解答への補助線** で読解の着眼点を身につけましょう。
- 「古文入門」「漢文入門」で、語彙や読み方のルールも再確認。
- 「古文の読解」では、「古文入門」で覚えた知識を活用して実際の文章を読んでみましょう。

# 目次

# 第1回 漢字の知識①

今回のポイント

●漢字の部首・筆順・画数を確認する。

/100

## 部首

**1** 次の漢字の部首を書き抜き、その部首名を下に書きなさい。（完答2点×5）

① 広 ［　］［　］
② 節 ［　］［　］
③ 無 ［　］［　］
④ 通 ［　］［　］
⑤ 快 ［　］［　］

**2** 次の漢字の部首を書き抜き、その部首の画数を下に算用数字で書きなさい。（完答2点×8）

① 闇 ［　］［　］
② 霧 ［　］［　］
③ 顕 ［　］［　］
④ 欄 ［　］［　］
⑤ 懸 ［　］［　］
⑥ 廷 ［　］［　］
⑦ 鐘 ［　］［　］
⑧ 微 ［　］［　］

## 筆順

**3** 次の漢字の筆順を、例にならって一画ずつなぞって答えなさい。（完答2点×3）

例 矢 矢 矢 矢 矢
① 区 区 区 区
② 必 必 必 必 必
③ 卯 卯 卯 卯 卯 卯 卯

**4** 次の漢字の色付きで示した部分は、何画目に書くか。算用数字で答えなさい。（2点×4）

① 書 ［　］
② 州 ［　］
③ 飛 ［　］
④ 成 ［　］

画数

**5** 次の漢字の画数を、算用数字で答えなさい。（2点×8）

① 乳
② 就
③ 蒸
④ 貿
⑤ 派
⑥ 段
⑦ 費
⑧ 帯

**6** 次の各組の漢字の中には、画数の違うものが一つずつある。その記号を答えなさい。（1点×4）

① ア 乗　イ 係　ウ 度　エ 育
② ア 旅　イ 皇　ウ 島　エ 座
③ ア 副　イ 留　ウ 停　エ 教
④ ア 運　イ 術　ウ 博　エ 寒

読み書き

**7** 次の太字の漢字の読みを書きなさい。（2点×10）

① 本番を前にして**緊張**する。
② 試合は**依然**として同点のままだ。
③ 都会の**雑踏**を進む。
④ 主張の**根拠**を述べる。
⑤ 立候補する**覚悟**を固める。
⑥ 絵の中の人物を**凝視**する。
⑦ **秩序**が保たれる。
⑧ **虚心**で面談に臨む。
⑨ 雑木林の**伐採**を進める。
⑩ 自然の**恩恵**に感謝する。

**8** 次の太字のカタカナを漢字で書きなさい。（2点×10）

① 山頂に**トウタツ**する。
② 浜辺を**サンサク**する。
③ 深呼吸して**コウフン**を抑える。
④ 車の通行に**シショウ**が出る。
⑤ 結果よりそれまでの**カテイ**が大事だ。
⑥ **カンタン**な問題につまずく。
⑦ 薬草の**フンマツ**を入れる。
⑧ 作業の**コウリツ**を高めたい。
⑨ **シいて**言うなら、A案に賛成だ。
⑩ **キチョウ**な動植物を保護する。

# 第2回 漢字の知識②

今回のポイント

●同訓異字・同音異義語を書き分ける。

／100

同訓異字

**1** 次の太字のカタカナに当てはまる漢字を下から選び、記号で答えなさい。（2点×5）

① チームの指揮を**ト**［　］る。　**ア** 捕　**イ** 執　**ウ** 採

② 危険を**オカ**［　］す。　**ア** 侵　**イ** 犯　**ウ** 冒

③ 学校まで道を**カ**［　］ける。　**ア** 駆　**イ** 掛　**ウ** 架

④ 気持ちを引き**シ**［　］める。　**ア** 占　**イ** 締　**ウ** 閉

⑤ 客間の空気を**カ**［　］える。　**ア** 変　**イ** 代　**ウ** 換

**2** 次の太字のカタカナに当てはまる同訓異字の漢字を書きなさい。（2点×13）

① **アツ**［　］い部屋で**アツ**［　］いスープを飲みながら、**アツ**［　］い本を読む。

② 家に**カエ**［　］る前に、図書館に寄って本を**カエ**［　］す予定だ。

③ かぜによく**キ**［　］く薬だと**キ**［　］いて、早速飲んでみた。

④ 宝石を**オサ**［　］めた箱を、その国を**オサ**［　］める王に**オサ**［　］める。

⑤ 会社に**ツト**［　］めながら、町内会の役員を**ツト**［　］めるため、時間の管理に**ツト**［　］める。

同音異義語

**3** 次の太字のカタカナに当てはまる漢字をそれぞれ選び、記号で答えなさい。（2点×5）

① この小説は**フキュウ**の名作だ。　［　］
**ア** 不朽　**イ** 普及　**ウ** 不休

② 私の趣味は絵画**カンショウ**です。　［　］
**ア** 観賞　**イ** 鑑賞　**ウ** 観照

③ 激しい揺れで**ヘイコウ**感覚を失う。　［　］
**ア** 平衡　**イ** 並行　**ウ** 平行

④ フヘン的な価値を見いだす。
ア 不変　イ 不偏　ウ 普遍
⑤ A党の勢力がシンチョウする。
ア 慎重　イ 伸長　ウ 深長

## 4 次の太字のカタカナに当てはまる同音異義の漢字を書きなさい。 （2点×12）

① これだけの資料をヨウイすることは、ヨウイなことではない。
② これはカクシン的な技術だと、彼の説明によってカクシンした。
③ 中学生をタイショウとした二作品だが、その内容はタイショウ的だ。
④ 幼い頃から音楽にカンシンを示すとは、とてもカンシンなことです。
⑤ キセイラッシュの中、事故で高速道路の通行がキセイされた。
⑥ 大会出場をジタイするという、予想外のジタイとなった。

読み書き

## 5 次の太字の漢字の読みを書きなさい。 （2点×7）

① 代々継承されてきた技術。
② この小説の冒頭の部分が好きだ。
③ 大胆な作戦が功を奏した。
④ 最新のコンピュータを駆使する。
⑤ 新しいルールが浸透する。
⑥ 詩の言葉を解釈する。
⑦ 和洋折衷様式の客間。

## 6 次の太字のカタカナを漢字で書きなさい。 （2点×8）

① 強い日差しをアびる。
② 安全なリョウイキを外れる。
③ 責任者がヒナンの的になる。
④ お話しするキカイを待っていました。
⑤ 民意をハンエイした政策。
⑥ 物語のテンカイに引き込まれる。
⑦ ホウフな資源を活用する。
⑧ 会社のギョウセキが好転する。

# 第3回 漢字の知識③

今回のポイント

●誤りやすい漢字を確認し、正しく書き直す。

／100

誤りやすい漢字

**1** 次の太字のカタカナに当てはまる漢字をそれぞれ下から選び、記号で答えなさい。（1点×4）

① 実験結果を分セキ〔　〕する。　ア 折　イ 析

② 保ケン〔　〕に入る。　ア 検　イ 険

③ ギ〔　〕音語を用いる。　ア 擬　イ 疑

④ 別の方法をココロ〔　〕みる。　ア 試　イ 省

**2** 次のそれぞれの〔　〕には、形が似た、同じ読みをする漢字が入る。その漢字を書きなさい。（2点×11）

① グン
- a 彼の成績は抜グン〔　〕だ。
- b 県のグン〔　〕部に行く。

② ソク
- a 別のソク〔　〕面から考察する。
- b 学校の規ソク〔　〕を守る。
- c 脳波をソク〔　〕定する。

③ キョウ
- a 食糧をキョウ〔　〕出する。
- b 二組とキョウ〔　〕同の授業。

④ フク
- a 往フク〔　〕の切符を買う。
- b フク〔　〕雑な道筋を歩く。

⑤ コウ
- a 入り組んだコウ〔　〕造の建物。
- b 教授の特別コウ〔　〕義を聴く。

**3** 次の太字のカタカナの部分を、字形に注意して漢字で書きなさい。（2点×12）

① ミドリ〔　〕色のエン〔　〕石を敷き詰める。

② 再起不ノウ〔　〕の状タイ〔　〕だ。

③ この石ゾウ〔　〕は町のショウ〔　〕徴です。

④ 半ジュク〔　〕卵にネツ〔　〕を加える。

⑤ 巨額の財カ〔　〕をタイ〔　〕与する。

⑥ キ〔　〕元前三世紀にシル〔　〕された文字。

誤字訂正

**4** 次の文中には一つずつ誤字がある。その誤字を書き抜き、正しい漢字に書き直しなさい。（完答2点×5）

① 最短系路を通っていけば、市役所から消防署までは徒歩で十分ほどだ。［　］→［　］

② 国語の成積を向上させるため、毎日、慣用句の書き取りをしている。［　］→［　］

③ 責任者の交代の後、さまざまな善後策を講じたが、結極、計画通りに実行することはできなかった。［　］→［　］

④ 意地を帳って無理をすると、後で苦労することになるよ。［　］→［　］

⑤ 道路を横断するときは、信号や交通標式をよく確認して、安全に注意しましょう。［　］→［　］

読み書き

**5** 次の太字の漢字の読みを書きなさい。（2点×10）

① **穏**やかな表情を見せる。［　］

② 美術品を**丁寧**に取り扱う。［　］

③ 厚い雲が町を**覆**う。［　］

④ **純粋**な心を持った少年。［　］

⑤ 試験の**範囲**を伝える。［　］

⑥ 三つの勢力が**均衡**する。［　］

⑦ 逃げ出したい**衝動**を抑える。［　］

⑧ 車が**頻繁**に行き来する。［　］

⑨ 偉人の**生涯**を調べる。［　］

⑩ ことを**慎重**に進める。［　］

**6** 次の太字のカタカナを漢字で書きなさい。（2点×10）

① 新しい学説を**トナ**える。［　］

② 文集の**テイサイ**を整える。［　］

③ 地名の**ユライ**を調べる。［　］

④ 手数料を**フタン**する。［　］

⑤ **キビ**しい寒さをしのぐ。［　］

⑥ 寺の**ケイダイ**を見学する。［　］

⑦ **ホガ**らかな青空が広がる。［　］

⑧ 彼の成長は**イチジル**しい。［　］

⑨ 古都を**オトズ**れる。［　］

⑩ 道端のごみを**ヒロ**う。［　］

# 第4回 漢字の知識④

今回のポイント

●四字熟語を確認する。
●対義語・類義語を確認する。

／100

四字熟語

**1** 次の意味に当てはまる四字熟語を後から選び、記号で答えなさい。（2点×9）

① 自分の意見を持たず、周りの意見に従うこと。〔　　〕
② 自由に、思う存分ものごとを行うこと。〔　　〕
③ 他人を気にせず、勝手な振る舞いをすること。〔　　〕
④ その分野の新人で、勢いのある人。〔　　〕
⑤ 昔のことから、新しい知識や教訓を得ること。〔　　〕
⑥ 自由に変化し、現れたり消えたりすること。〔　　〕
⑦ 小さなものごとを大げさに表現すること。〔　　〕
⑧ 他人の意見を聞き流し、気にしないこと。〔　　〕
⑨ 短い時間・年月のこと。〔　　〕

ア 針小棒大　イ 温故知新
ウ 付和雷同　エ 傍若無人
オ 新進気鋭　カ 縦横無尽
キ 変幻自在　ク 一朝一夕
ケ 馬耳東風

**2** 次の〔　〕に当てはまる四字熟語を後の□から選び、漢字に直して書きなさい。（4点×9）

① 状況に応じて、〔　　〕に行動した。
② 大会で一位をとり、彼は〔　　〕だ。
③ 逆転に向けて、〔　　〕の一手を打つ。
④ そんなきまりは〔　　〕さ。
⑤ 〔　　〕な判決に、不満は出なかった。
⑥ テストに向けて〔　　〕に勉強する。
⑦ 事件の〔　　〕を目撃した。
⑧ 〔　　〕を目ざし、勉強と運動に励む。
⑨ 家財道具を〔　　〕で売り払う。

いっしんふらん・とくいまんめん・いちぶしじゅう
ぶんぶりょうどう・こうめいせいだい・きしかいせい
りんきおうへん・ゆうめいむじつ・にそくさんもん

対義語

**3** 次の熟語の対義語をそれぞれ下から選び、記号で答えなさい。（2点×4）

① 抑制 ↔ [　　] ア 発達 イ 開放 ウ 促進
② 沈下 ↔ [　　] ア 膨張 イ 隆起 ウ 勃興
③ 繁栄 ↔ [　　] ア 閑散 イ 衰退 ウ 虚栄
④ 歓喜 ↔ [　　] ア 悲哀 イ 悲喜 ウ 悲劇

**4** 次の――線部の熟語の対義語を後の[　]から選び、漢字に直して書きなさい。（3点×5）

① 抽象的な発言は控えてください。 [　　]
② 強い者こそ、謙虚であるべきだ。 [　　]
③ 前回優勝チームに惨敗《ざんぱい》した。 [　　]
④ 電力需要の予測を発表する。 [　　]
⑤ カーブで車体が動揺する。 [　　]

あっしょう　そんだい
きょうきゅう　あんてい
ぐたい

類義語

**5** 次の――線部の熟語の類義語を下の[　]から選び、記号で答えなさい。（1点×5）

① 両者は対等の力を持っている。 [　　]
② 予算を節約して使う。 [　　]
③ これまでの過程を説明する。 [　　]
④ 独特な味わいのスープだ。 [　　]
⑤ まず議論の土台を固めよう。 [　　]

ア 倹約
イ 基礎
ウ 互角
エ 経緯
オ 特殊

**6** 次の――線部の熟語の類義語を後の[　]から選び、漢字に直して書きなさい。（3点×6）

① 目標の成就《じょうじゅ》を祈る。 [　　]
② 値段が高いところが欠点だ。 [　　]
③ 世界の歴史に関心を持つ。 [　　]
④ 加工技術が向上する。 [　　]
⑤ 事故を事前に防ぐ。 [　　]
⑥ 支出の内訳を調べる。 [　　]

きょうみ　めいさい　みぜん
たんしょ　たっせい　しんぽ

# 第5回 言葉の知識

今回のポイント

●慣用句・ことわざ・故事成語の意味を知り、正しく使い分ける。

／100

慣用句

**1** 次の慣用句の意味を後から選び、記号で答えなさい。（2点×12）

① 気が置けない［　］
② 青菜に塩［　］
③ 首を長くする［　］
④ あとの祭り［　］
⑤ 油を売る［　］
⑥ 木で鼻をくくる［　］
⑦ 二の足を踏む［　］
⑧ 目から鼻へぬける［　］
⑨ 水の泡［　］
⑩ 虫が知らせる［　］
⑪ 涙をのむ［　］
⑫ 足が出る［　］

ア ためらう
イ 努力や苦労が無駄になる
ウ とても賢い
エ 予定のお金で足りなくなる
オ そっけない
カ 悪い予感がする
キ 元気がない
ク 時機に遅れて無駄である
ケ 遠慮がいらない
コ むだ話などをしてなまける
サ 待ち遠しく思う
シ つらさや悔しさに耐える

**2** 次の［　］に当てはまる慣用句を後から選び、記号で答えなさい。（2点×8）

① 私は、いたずら盛りの妹に［　］毎日を過ごしている。
② 弟の説明は［　］ようで、さっぱり意味がわからなかった。
③ 決勝戦では練習の成果を見せられるので、今から［　］。
④ 断りもなく会議を欠席したら、彼の顔に［　］ことになる。
⑤ 緊迫した試合展開に、観客も［　］。
⑥ 試験の点数について［　］のは、自分のためにならない。
⑦ こんな仕事はすぐ終わるなどと［　］べきではない。
⑧ 家柄を［　］とは、いやなやつだ。

ア かたずを呑《の》む
イ 腕がなる
ウ 泥を塗る
エ 木に竹を接《つ》ぐ
オ 鼻にかける
カ さばを読む
キ 高をくくる
ク 手を焼く

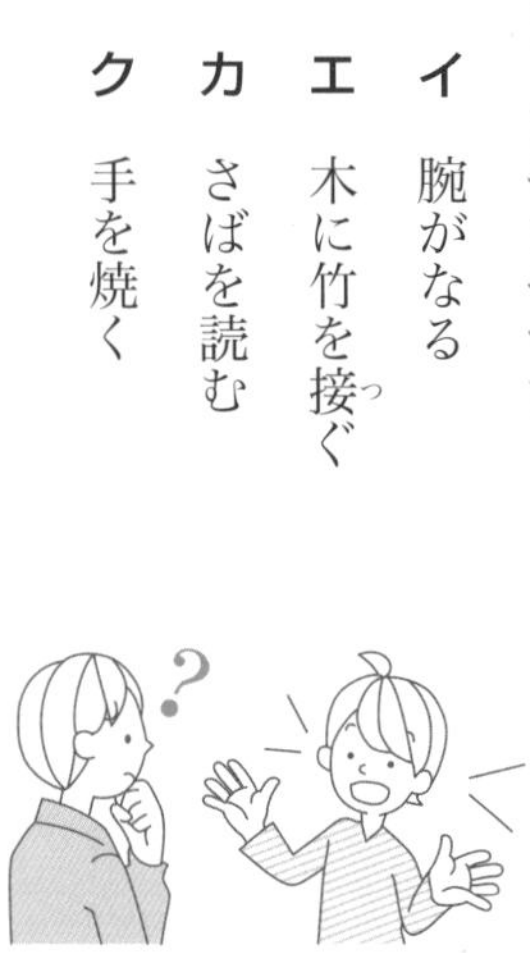

## ことわざ

**3** 次のことわざとほぼ同じ意味のことわざを下の［　］から選び、記号で答えなさい。（3点×4）

① 雀《すずめ》百まで踊り忘れず［　　］
② 月とすっぽん［　　］
③ 棚からぼた餅［　　］
④ 泣きっ面《つら》に蜂［　　］

ア 弱り目にたたり目
イ 提灯《ちょうちん》につり鐘
ウ 三つ子の魂百まで
エ 濡《ぬ》れ手で粟《あわ》

**4** 次の［　］に当てはまる適切なことわざを後から選び、記号で答えなさい。（3点×6）

① 数学の得意な彼が計算ミスとは、［　　］だなあ。
② 着物で出かけたら、［　　］と言われてしまった。
③ いくら応援してもやる気がなさそうで［　　］だ。
④ ［　　］というから、人には親切にしたほうがいい。
⑤ 彼は話すのが得意で、その演説はまさに［　　］だ。
⑥ 同じ学校に行こうと約束したのに、留学なんて［　　］だ。

ア 立板《たていた》に水　　イ 河童《かっぱ》の川流れ
ウ のれんに腕押し　　エ 寝耳に水
オ 馬子《まご》にも衣装
カ 情けは人のためならず

## 故事成語

**5** 次の故事成語の意味を後から選び、記号で答えなさい。（3点×6）

① 推敲《すいこう》［　　］　② 画竜点睛《がりょうてんせい》［　　］
③ 呉越同舟［　　］　④ 四面楚歌《しめんそか》［　　］
⑤ 背水の陣［　　］　⑥ 朝三暮四［　　］

ア 周りを敵に囲まれること。　イ 最後の仕上げ。
ウ 文章や詩句を練り直すこと。　エ 必死の覚悟。
オ 目先の違いにとらわれて大局を見失うこと。
カ 仲の悪い者どうしが協力すること。

**6** 次の故事成語の意味に当てはまる例文を後から選び、記号で答えなさい。（3点×4）

① 虎の威を借る狐《きつね》［　　］　② 覆水盆に返らず［　　］
③ 漁夫の利［　　］　④ 蛍雪の功［　　］

ア 怒りにまかせて暴言を吐き、友達から絶交された。
イ 苦労して勉強したかいがあって、留学試験に合格した。
ウ 父親が有力者なので、彼はいばってばかりいる。
エ 二人の客が席の取り合いをしている間に、後から来た客が座ってしまった。

第6回

# 表現の方法①

今回のポイント

●語の呼応を理解し、接続詞、読点・符号を正しく使い分ける。

／100

語の呼応

**1** 次の――線部に注意して、［　］に当てはまる語を後から選び、記号で答えなさい。（3点×4）

① たとえ雪が降ろう［　　］、試合は行う。

② まるで江戸時代にタイムスリップした［　　］。

③ 彼は決して約束を破ら［　　］。

④ どうして話を聞いてくれない［　　］。

ア ない　イ とも　ウ のか　エ ようだ

**2** 次の［　］に当てはまる語を後から選び、記号で答えなさい。（3点×4）

① 試験に合格して、［　　］うれしかっただろう。

② 彼が裏切ることは［　　］あるまい。

③ ［　　］雪が降ったら、試合は中止だ。

④ ［　　］新しい商品を使ってほしい。

ア まさか　イ さぞ

ウ ぜひ　エ もし

接続詞

**3** 次の［　］に当てはまる接続詞を後から選び、記号で答えなさい。（3点×6）

① 今日はいい天気だね。［　　］ご家族はお元気ですか。

② 彼は今日は学校に来ていない。［　　］欠席だ。

③ けがをした。［　　］しばらく運動ができない。

④ 黒の鉛筆を使うこと。［　　］ボールペンでもよい。

⑤ 歩き疲れた。［　　］お腹も減ってきた。

⑥ 心を込めて謝った。［　　］許してもらえなかった。

ア だから　イ そのうえ

ウ つまり　エ しかし

オ または　カ ところで

**4** 次の接続詞に続く適切な言葉を後から選び、記号で答えなさい。（3点×6）

① これで会議は終了です。では［　　］。

② 過半数の賛成が得られました。したがって［　　］。

③ コーヒーをお飲みになりますか。それとも、［　　］。

④ 賛同者はなかなか現れませんでした。ですが、［　　］。

⑤ 今日は早めに帰宅します。なぜなら、［　　］。

⑥ 彼は成績優秀です。しかも［　　］。

**ア** この計画は続行します
**イ** 母の誕生日だからです
**ウ** 優しくて人気があります
**エ** 紅茶にしますか
**オ** 気をつけてお帰りください
**カ** 彼は諦めませんでした

## 読点・符号の使い方

**5** **次の各文に用いるのに適切な符号を後から選び、記号で答えなさい。ただし、一文に一つとします。**（4点×4）

① 芥川龍《あくたがわりゅう》之《の》介《すけ》の蜘蛛《くも》の糸の感想文を書いた。［　　］

② こんにちは。と挨拶をした。［　　］

③ 小学生中学生は割引で入場できる。［　　］

④ いとこ母の妹の娘が遊びに来た。［　　］

**ア** 「　」…かぎかっこ　**イ** 『　』…二重かぎ・二重かぎかっこ
**ウ** （　）…かっこ　**エ** ・…中点・黒丸

**6** **次の各文が後のA・Bの意味になるように読点を打つとすれば、どこが適切か。それぞれ記号で答えなさい。**（3点×8）

① 少女は <ア 泣きながら <イ 走ってくる <ウ 男の子を <エ 追いかけた。
A 少女が泣いている場合［　　］
B 男の子が泣いている場合［　　］

② 弟は <ア テレビを見ながら <イ 本を読んでいる <ウ 兄と <エ 話した。
A 弟がテレビを見ている場合［　　］
B 兄がテレビを見ている場合［　　］

③ 先月 <ア 注文していた <イ 家具が <ウ やっと <エ 届いた。
A 注文したのが先月の場合［　　］
B 届いたのが先月の場合［　　］

④ 私は <ア 手を振って <イ 歩いてくる <ウ 友達に <エ 駆け寄った。
A 私が手を振っている場合［　　］
B 友達が手を振っている場合［　　］

# 第7回 表現の方法②

今回のポイント

●慣用表現や敬語を正しく使う。
●ねじれのない文章表現を身につける。

/100

誤文訂正

**1** 次の――線部の一部を書き換えて、適切な表現に直しなさい。（4点×6）

① 彼とは何でも話し合える、気が長い関係だ。　〔　　〕
② 兄はきちんと秘密を守る、口が重い人物だ。　〔　　〕
③ なかなかよい案が浮かばず、話し合いが煮詰まる。　〔　　〕
④ その絶版の本が、口から手が出るほど欲しい。　〔　　〕
⑤ 委員長を務めるのは、私のような新米では役不足だ。　〔　　〕
⑥ 彼女の指摘は的を得たものだ。　〔　　〕

**2** 次の――線部を 例 にならって適切な表現に書き直しなさい。（4点×6）

例 私はどんなものでも食べれる。　〔食べられる〕
① 昨日は家でゲームをしたり公園で散歩をして過ごした。　〔　　〕
② 母が私を呼びながら、突然部屋のドアを開けられた。　〔　　〕
③ 私の将来の夢は人の役に立つ仕事をしたいです。　〔　　〕
④ 兄は文章が上手だが、私はうまく書けれない。　〔　　〕
⑤ 中学時代の出来事がなつかしく思い出す。　〔　　〕
⑥ 昨日勉強したのは、日本の歴史について学びました。　〔　　〕

**3** 次の――線部の言葉の、敬意を含んだ表現をそれぞれ後の[ ]から選び、記号で答えなさい。（2点×12）

① お客様が部屋に来る。[ ]
② お客様が絵を見る。[ ]
③ お客様が本をくれる。[ ]
④ お客様が挨拶をする。[ ]
⑤ お客様が上着を着る。[ ]
⑥ お客様が「こんにちは」と言う。[ ]

ア ご覧になる　イ お召しになる　ウ くださる
エ いらっしゃる　オ おっしゃる　カ なさる

⑦ お客様のところに行く。[ ]
⑧ お客様の作品を見る。[ ]
⑨ お客様からお菓子をもらう。[ ]
⑩ お客様に手紙を送る。[ ]
⑪ お客様に会う。[ ]
⑫ お客様に用件を言う。[ ]

キ いただく　ク 申し上げる　ケ 拝見する
コ お目にかかる　サ うかがう　シ 差し上げる

**4** 次の――線部の敬語表現について、不適切なものは[例]にならって書き直し、適切なものには○を記しなさい。適切なものは三つあります。（4点×7）

[例] 私が先生をご紹介なさる。[ご紹介する]

① お客様のお荷物をお運びする。[ ]
② お父様は何時ごろにお宅におられますか。[ ]
③ 母が先生とお話しになっていました。[ ]
④ 先生が私の手紙をお読みになった。[ ]
⑤ 手作りのクッキーです。どうぞいただいてください。[ ]
⑥ 先生の作品を拝読する。[ ]
⑦ お客様、もう出発の準備はいたしましたか？[ ]

# 第8回 言葉のきまり①

**今回のポイント**

●文や文節の区切りをおさえ、文節の種類や文節相互の関係を理解する。

／100

**文・文節**

**1** 次の文章はいくつの文から成っているか。算用数字で答えなさい。（3点）

今年、私は高校生になった。中学校の友達と離れることには不安もあった。が、今は刺激的な毎日に胸を躍らせている。これからの三年間では、自分がどう生きていきたいのか、しっかり考えて行動できるようになりたいと思う。そして、自分の可能性を広げていきたい。

**2** 次の各文を例にならって文節に区切りなさい。（4点×5）

例 毎朝｜弟と｜散歩を｜する。

① 朝食にパンと卵を食べた。

② 昨日の試合をみんなで振り返る。

③ 毎日日記を書くことに決めた。

④ コーヒーも紅茶もどちらも好きだ。

⑤ 弟は剣道部に入りたいようだ。

**3** 次の各文の文節の数を、算用数字で答えなさい。（3点×4）

① 家の花壇の花に毎朝水をやるのが私の仕事だ。

② 天気予報で雪が降るかもしれないと言っていた。

③ 夕焼けがあまりにきれいだったので写真を撮った。

④ 私はこの問題を考え続けていきたいと思う。

**文の成分**

**4** 次の――線部の文節の種類を後から選び、記号で答えなさい。（4点×5）

① 空を　眺めるのは　楽しい。（「楽しい」に傍線）

② 晴れたので　ピクニックに　行こう。（「晴れたので」に傍線）

③ 山田さん、手伝って　ください。（「山田さん」に傍線）

④ 今日は、私も　朝食を　作った。（「私も」に傍線）

⑤ 庭の　みかんの　木に　鳥の　巣が　ある。（「庭の」に傍線）

ア 主語　イ 述語　ウ 修飾語　エ 接続語　オ 独立語

**5** 次の——線部の修飾語は、後に示した二つのうちのどちらか。記号で答えなさい。（3点×6）

① この川は　市内を　ゆったり　流れる。
② 遠くの　景色を　見るのは　目に　よい。
③ 弟は　昨日　泣きながら　帰宅した。
④ 各地の　美しい　建物を　撮影する。
⑤ 空には　星が　美しく　輝く。
⑥ 新しい　本を　図書館で　借りた。

**ア** 連体修飾語（体言＝名詞を修飾するもの）
**イ** 連用修飾語（用言＝動詞・形容詞・形容動詞を修飾するもの）

## 文節相互の関係

**6** 次の——線部の二つの文節の関係が異なるものを一つ選び、記号で答えなさい。（3点）

**ア** スポーツも　勉強も　どちらも　頑張りたい。
**イ** 振り返ると　母が　にっこり　微笑《ほほえ》んだ。
**ウ** 分厚い　辞書を　めくって　言葉を　調べる。
**エ** 祖父から　高価な　万年筆を　もらった。
**オ** 急に　予定が　変わったので　五時に　帰ります。

**7** ——線部の二つの文節が、次の関係になっているものを後から二つずつ選び、記号で答えなさい。（3点×8）

① 主・述の関係
② 修飾・被修飾の関係
③ 並立の関係
④ 補助の関係

**ア** どんなに　つらくとも、清く　正しく　生きたい。
**イ** 私の　今日の　仕事は　自分の　部屋の　掃除だ。
**ウ** 有名な　俳優の　名前が　思い出せない。
**エ** 無理だと　思う　ことも　まずは　やって　みよう。
**オ** 私の　故郷は、豊かで　美しい。
**カ** この　箱に　宝物を　しまって　おく。
**キ** そんな　ことは、子供でも　理解できる。
**ク** 雨が　降りそうなので、急いで　帰ろう。

# 第9回 言葉のきまり②

今回のポイント

●単語・品詞の性質やはたらきをおさえる。

/100

単語

**1** **次の各文を 例 にならって単語に区切りなさい。**（3点×5）

例 映画|を|見る|の|は|楽しい。

① 天気が良いので散歩に行こう。

② その話はとてもおもしろかった。

③ 勉強が終わったので遊びに行けそうだ。

④ りんごの木に赤い実がたわわに実った。

⑤ 夜は早く寝ることを心がけている。

**2** **次の各文の単語の数を、算用数字で答えなさい。**（3点×6）

① 夢のような数日は瞬《またた》く間に過ぎた。

② 母は報告を聞いて安心した様子だった。

③ 食べることが好きで毎日食事が楽しみだ。

④ 昨日できたことがどうして今日はできないのか。

⑤ 先月、友人が旅行でアメリカに行った。

⑥ 私は彼の気さくなところが好きだ。

品詞

**3** **次の――線部の単語の品詞名を後から選び、記号で答えなさい。**（2点×10）

① 長年の努力が実ってやっと初段になった。

② 本当は行きたいが、ぐっとこらえた。

③ 今日は父の帰りが遅いそうだ。

④ 青または黒のペンで記入してください。

⑤ 昔のことを思い出してなつかしくなった。

⑥ 私はある出来事を思い出していた。

⑦ 昨日の試合は快勝だった。

⑧ 少年はそっと辺りの様子をうかがった。

⑨ 穏やかな海を見ていると心が休まる。

⑩ なんと、まあ大きくなったこと。

**ア** 名詞　**イ** 動詞　**ウ** 形容詞

**エ** 形容動詞　**オ** 連体詞　**カ** 副詞

**キ** 接続詞　**ク** 感動詞　**ケ** 助動詞

**コ** 助詞

## 4 次の各文の中から名詞を書き抜きなさい。（完答3点×3）

① 彼は、昨夜の事件ですっかり寝不足のようだ。

［　　　］

② 自分に疑いがかかりそうなことは、してはいけない。

［　　　］

③ 迷いながらも進む道は、きっと人生に豊かさをもたらす。

［　　　］

## 5 次の［　］に当てはまる適切な助詞を後の□から選び、空欄に書き入れなさい。（2点×7）

① かなり歩いた［　］目的地には程遠い。

② 今日はいい天気だ［　］。

③ この子［　］無事なら、それ以上何も望まない。

④ 日の当たる部屋［　］のんびり読書をする。

⑤ 約束を守れ［　］願いをきいてやろう。

⑥ 私［　］兄のほうが機械には詳しい。

⑦ 何かお手伝いをしましょう［　］。

| | | | |
|---|---|---|---|
| ば | のに | か | さえ |
| な | で | より | |

## 6 次の［　］に当てはまる適切な助動詞をそれぞれ後の□から選び、空欄に書き入れなさい。（2点×12）

① 思ったほど時間はかから［　］。

② このペンは父からの贈り物［　］。

③ 今年の夏は暑くなり［　］。

④ みんなから尊敬さ［　］人になりたい。

⑤ 修学旅行はとても楽しかっ［　］。

⑥ 今週中にこの本を読み［　］。

| | | |
|---|---|---|
| れる | たい | ない |
| だ | た | そうだ |

⑦ 決して約束を破る［　］。

⑧ 妹はいつも私と一緒に行き［　］。

⑨ 弟にも自分のことは自分でさ［　］。

⑩ 思いもよら［　］ことが次々起こった。

⑪ 明日は一緒にサッカーをし［　］。

⑫ 両親は家族旅行を計画している［　］。

| | | |
|---|---|---|
| せる | ようだ | ぬ |
| よう | まい | たがる |

第10回

# 言葉のきまり③

今回のポイント

●用言とその活用をおさえる。

／100

## 動詞と活用

**1** 次の各文の中から動詞を書き抜き、終止形で書きなさい。（2点×3）

① 今日は楽しい夢を見た。〔　　〕

② 弟は走ることが大好きだ。〔　　〕

③ 素晴らしい演奏が聴けて幸せだ。〔　　〕

**2** 次の動詞の活用表を完成させなさい。（完答4点×5）

| | 未然形 | 連用形 | 終止形 | 連体形 | 仮定形 | 命令形 |
|---|---|---|---|---|---|---|
| 聞く | | | く | | | |
| 着る | | | きる | | | |
| 出る | | | でる | | | |
| 来る | | | くる | | | |
| する | | | する | | | |

**3** 次の――線部の動詞の活用形を答えなさい。（3点×6）

① 日曜日に試験を受けよう。〔　　〕

② もっとたくさん本を読め。〔　　〕

③ 心をこめて話せばわかるはずだ。〔　　〕

④ 朝起きる時間を決めましょう。〔　　〕

⑤ 彼は努力して夢を実現させた。〔　　〕

⑥ することがなかったので休んだ。〔　　〕

## 形容詞・形容動詞と活用

**4** 次の各文の中から形容詞を書き抜き、終止形で書きなさい。（2点×3）

① 今日はとてもうれしい知らせがある。〔　　〕

② 掃除をしたら、部屋が広く感じる。〔　　〕

③ 悲しければ泣いてもかまわない。〔　　〕

**5** 次の形容詞の活用表を完成させなさい。（完答4点）

| | 未然形 | 連用形 | 終止形 | 連体形 | 仮定形 | 命令形 |
| --- | --- | --- | --- | --- | --- | --- |
| 長い<br>美しい | | | い | | | ○ |

**6** 次の――線部の形容詞の活用形を答えなさい。（3点×4）

① 学校がもっと近ければいいのに。

② そんなに薄着では寒かろう。

③ 今日のテストは難しかった。

④ この絵画はすばらしい作品だ。

**7** 次の各文の中から形容動詞を書き抜き、終止形で書きなさい。（2点×3）

① 母はいつもと変わらず穏やかな様子だった。

② 公園には誰もいないのでとても静かだった。

③ もう少し真面目ならば委員長に推薦するのだが。

**8** 次の形容動詞の活用表を完成させなさい。（完答4点）

| | 未然形 | 連用形 | 終止形 | 連体形 | 仮定形 | 命令形 |
| --- | --- | --- | --- | --- | --- | --- |
| 豊かだ | | | だ | | | ○ |

**9** 次の――線部の形容動詞の活用形を答えなさい。（3点×4）

① 子供たちの健やかな成長を祈る。

② 久しぶりだね。元気だったかい。

③ 急に予定が変更になった。

④ テストが簡単ならいいのに。

**10** 次の文の中から形容詞と形容動詞をすべてそのままの形で書き抜きなさい。形容詞と形容動詞は合わせて四つあります。（3点×4）

空は澄み、さわやかな風が吹いてくる。明るい日差しに照らされた山々の緑が、目の前の湖にきれいに映っている。この辺りは夏でも涼しく、避暑地としてとても人気がある。

# 第11回 論理の基本

今回のポイント

- ●具体と抽象の関係を理解する。
- ●文章から順序を読み取る。

／100

## 具体と抽象

**1** **次の文章を読んで、文章の構造を示した図中の［　］に当てはまる語を後から選び、記号で答えなさい。**（5点×5）

文字には、表音文字と表意文字とがある。表音文字は、一文字が一音節（拍）を表す文字で、アルファベット、仮名《かな》などがある。表意文字は、個々の文字が一定の意味を表す文字であり、漢字などがある。

図

［①　　　］の種類

●［②　　　］
文字が［③　　　］を表す
・アルファベット
・仮名《かな》

●表意文字
文字が［④　　　］を表す
・［⑤　　　］

**ア** 意味　**イ** 文字　**ウ** 一音節（拍）
**エ** 表音文字　**オ** 漢字

## 順序

**2** **次に示すものは、Aさんが通う学校の、教室の床掃除の順序についてのメモである。【順序を示す表現の例】を参考にして、正しい順序に並べ替えて記号で答えなさい。**（完答20点）

**【順序を示す表現の例】** まず～　→　そして～　→　最後に～

**ア** 最後に、机と椅子を元の位置に戻す。
**イ** 次に、教室の後方の床にほうきをかけ、ちりとりでごみを集める。
**ウ** こうして、教室の後方の掃除が終わったら、机と椅子を後方に移動させ、教室の前方の掃除を行う。
**エ** 初めに、机や椅子を教室の前方に集める。
**オ** それから、ごみを集めた後の床を、雑巾またはモップで拭く。

［　　］→［　　］→［　　］→［　　］→［　　］

**3** 次に示すものは、樋口一葉《ひぐちいちよう》の生涯について書かれた文章である。【第一文】に続いて、時間の経過順になるよう、ア～オを並べ替えて記号で答えなさい。（完答20点）

【第一文】樋口一葉は、一八七二年に生まれた。

**ア** 『たけくらべ』は評論家に高く評価され、注目される作家となった。

**イ** 兄と父が続けて没したため、十七歳で一家を支えることになり雑貨店を経営するが、うまくいかなかった。

**ウ** 『たけくらべ』の成功で注目された後も、さらに新境地を開くため執筆を続けたが、肺結核のため二十四歳で死去した。

**エ** 雑貨店経営の経験をもとに、『たけくらべ』を書いた。

**オ** 小学校では優秀な成績を修めたが、母の考えにより退学した。

［　　］→［　　］→［　　］→［　　］→［　　］

**総合問題**

**4** 次の文章を読み、後の問いに答えなさい。

米は、さまざまな形で私たちの食卓に上《のぼ》っています。水を加えて炊いたものは、ご飯になります。蒸してついたものが、餅《もち》です。粉末にして水を加え、こねて蒸すと、団子になります。また、餅を裁断し焼くと、煎餅《せんべい》になります。

(1) 次の図は、文章の構造を示したものである。図中の［　］に当てはまる言葉を後から選び、記号で答えなさい。（5点×3）

【抽象】 米は加工され、さまざまな食品となる

⇕

【具体】

| 加工の方法 | | できる食品 |
|---|---|---|
| ［①　　］・炊く | → | ご飯 |
| 蒸す・つく | → | 餅 |
| ［②　　］・［①］・こねる・蒸す | → | ［③　　］ |

**ア** 団子　**イ** 粉末にする　**ウ** 水を加える

(2) 図にならって煎餅の「加工の方法」を示すとき、次の空欄①～④に当てはまる語を書きなさい。（5点×4）

［①　　］・［②　　］・
［③　　］・［④　　］→ 煎餅

# 第12回 現代文入門（随想）

今回のポイント

●筆者の主張と具体例がどのように関連しているかを読み取る。

/100

## ●鈴木孝夫「理解と視座」

1 小さい時から小鳥が大好きだった私は、暇さえあれば山野に出かけ、鳥を眺めては楽しんでいた。日本の小鳥ならば姿は言うまでもなく、そのさえずりを聞いただけでも、たちどころにそれが何鳥であるかを言い当てられる自信があった。

2 ところが、だいぶ前から日本でも鳥の声を録音することがはやり出し、やがて国内の鳥はおろか、外国産の鳥の声まで、NHKや文化放送などが放送するようにもなってきた。私はこのような放送をたびたび聞いているうちに、確信をもって何鳥かを言えないことが、まままあることに気づいたのである。

3 自分で野山に出かけた時は、長い経験と知識で、ある時期に日本のどの辺には、どのような鳥が見られるかが、私にはよくわかっている。そのため鳥の声を聞いた場合に、私はこの総合的な知識を無意識のうちに動員して、今鳴いた鳥が何であるかの可能性の範囲を絞ることで、鳥の種類を決めていたらしい。

4 ところが他人がとった録音や、放送される鳥の声の場合には、

問一 二重傍線部㋐〜㋒のカタカナを漢字に改め、漢字には読みを書きなさい。［5点×3］

㋐

㋑

㋒

解答への補助線 筆者は山野で聞いた声から鳥を特定する際に、声以外にどのような知識を用いていたか。本文中から二十六字で探し、初めの五字を書き抜こう。［10点］

問二 傍線部①とはどういうことか。最も適切なものを次から選び、記号で答えなさい。［15点］

ア 複数の鳥の声を聞き比べて判断していたということ。
イ 場所や時期などの知識もふまえて判断していたということ。
ウ 国内の鳥の声についてのみ判断が可能だったということ。
エ 声以外の情報がないからこそ判断が可能だったということ。
オ 過去に聞いた声の記憶から判断していたということ。

鈴木孝夫（出典：『ことばの社会学』1991年）
1926年（大正15）〜2021年（令和3）。東京都生まれ。言語学者・評論家。主な著書に『ことばと文化』『ことばと社会』などがある。

その鳥が何であるかを割り出すのに必要な情報が得られないため、可能性の範囲を(ア)狭めることができない。そこで不意に、解説もなしに声だけを録音で聞かされると、本当はよく知っているはずの鳥の声でさえ、自分でもおかしいほど自信がなくなってしまうのだ。

**5** 私が日本の山野で特定の鳥を、声だけで認識できるということは、実はその声をめぐる多くの情報の脈絡の中で、①対象を相対的に決定していたのであって、常に声そのものが唯一無二の決定的な手がかりを(イ)フクんでいたわけではないことを悟らされたのである。

**6** このような話で私が示したかったことは、私たち人間の事物や対象の理解や認識というものは、意外にもかなり一面的で偏りのあるものだということである。自分の住んでいる家や、使いなれた家具の置いてある自分の部屋でさえ、実は極めて限られた角度、視点からだけ私たちはそれを把握しているのであって、決してすべての点を(ウ)網羅的に捉えて理解しているわけではない。

**7** 私たちは実際問題として、いろいろな生活上の習慣や、物理的な固定条件のゆえに、特定の事物や対象についての視点を簡単には変えられない。そこで②自分が見ていること、知っている側面だけが、あたかも対象そのものであると思い込むのである。ただ何かの偶然で、③この習慣的な接し方が壊される時に、はじめて私たちは自分たちの認識の持つ一面性に気がつくのだ。

---

**問三** 傍線部②とあるが、それはなぜか。その理由として最も適切なものを次から選び、記号で答えなさい。［20点］

**ア** 習慣的な接し方が壊されないよう守る必要があるから。
**イ** 私たちの視点は習慣や環境に強く依存するものだから。
**ウ** 事物や対象についての視点を変えなければならないから。
**エ** 対象の特徴を網羅的に捉えやすくなるから。
**オ** 習慣だけが唯一無二の手がかりになりうるから。

**問四** 傍線部③とあるが、これは鳥の声の例でいえばどういうことか。次の空欄に当てはまる言葉を、本文中からそれぞれ指定字数で書き抜きなさい。［20点×2］

・筆者は、野山で鳥の声を聞くだけで、それが何鳥か言い当てられると思っていたが、［A（十八字）］を聞くようになって、声だけでは何鳥かを自信を持って言えないことに気づき、はじめて自分が［B（十六字）］して鳥の種類を特定していたことを知った。

A

B

# 第13回 現代文入門（小説①）

/100

**今回のポイント**

- 主人公の心情はどのように変化しているか。
- それぞれの登場人物には、どのような風景が見えているか。

犬の白は体が黒くなり、野良犬《のら》と間違われ追い出されたが、家に帰ってきた。

## 芥川龍之介「白」

「お月様！　お月様！　私は黒君を見殺しにしました。私の体の真っ黒になったのも、おおかたそのせいかと思っています。しかし私はお嬢さんや坊ちゃんにお別れ申してから、あらゆる㋐キケンと戦って来ました。それは一つには何かの拍子に煤《すす》よりも黒い体を見ると、臆病を恥じる気が起こったからです。けれどもしまいには黒いのが嫌さに、――この黒い私を殺したさに、あるいは火の中へ飛びこんだり、あるいはまた狼《おおかみ》と戦ったりしました。が、不思議にも私の命はどんな強敵にも㋑奪われません。（中略）私はとうとう①苦しさのあまり、自殺をしようと決心しました。ただ自殺をするにつけても、ただ一目会いたいのはかわいがって下すったご主人です。もちろんお嬢さんや坊ちゃんは明日にも私の姿を見ると、きっとまた野良犬と思うでしょう。ことによれば坊ちゃんのバットに打ち殺されてしまうかも知れません。しかしそれでも本望です。お月様！　お月様！　私はご主人の顔を見るほかに、何も願うことはありません。そのために今夜ははるばるともう一度ここへ帰って来ました。どうか夜の明け次第、お嬢さんや坊ち

**問一** 二重傍線部㋐～㋒のカタカナを漢字に改め、漢字には読みを書きなさい。［5点×3］

㋐　　㋑　　㋒

**問二** 傍線部①とあるが、このとき白が苦しいと感じていたことは何か。最も適切なものを次から選び、記号で答えなさい。［15点］

ア　ご主人様に会えないこと。　　イ　黒君に会えないこと。

ウ　黒い姿で生き続けること。

エ　どんな強敵にも殺されないこと。

**解答への補助線**　傍線部②とあるが、このときの白の気持ちを、この後の本文中から漢字二字で書き抜こう。［15点］

**問三** 傍線部②とあるが、白は二人が何に驚いたと思っているか。最も適切なものを次から選び、記号で答えなさい。［20点］

ア　真っ黒な野良犬がいること。

イ　黒い野良犬が、実は白であったということ。

芥川龍之介（出典：『蜘蛛の糸・杜子春』1984年）
1892年（明治25）～1927年（昭和２）。東京都生まれ。小説家。主な作品に『芋粥』『戯作三昧』『地獄変』などがある。

ゃんに会わして下さい。」

白は独り言を言い終わると、(ウ)芝生に顎をさしのべたなり、いつかぐっすり寝入ってしまいました。

＊　＊　＊

「驚いたわねえ、春夫さん。」

「どうしたんだろう？　姉さん。」

白は小さい主人の声に、はっと目を開きました。見ればお嬢さんや坊ちゃんは犬小屋の前にたたずんだまま、不思議そうに顔を見合わせています。(2)白は一度あげた目をまた芝生の上へ伏せてしまいました。お嬢さんや坊ちゃんは白が真っ黒に変わったときにも、やはり今のように驚いたものです。あのときの悲しさを考えると、――白は今では帰って来たことを後悔する気さえ起こりました。するとその途端です。坊ちゃんは突然飛び上がると、大声にこう叫びました。

「お父さん！　お母さん！　白がまた帰って来ましたよ！」

白が！　白は思わず飛び起きました。すると逃げるとでも思ったのでしょう。お嬢さんは両手を伸ばしながら、しっかり白の首を押さえました。同時に白はお嬢さんの目へ、じっと彼の目を移しました。お嬢さんの目には黒い瞳にありありと犬小屋が映っています。高い棕櫚《しゅろ》の木のかげになったクリーム色の犬小屋が、――そんなことは当然に違いありません。しかしその犬小屋の前には米粒程の小ささに、白い犬が一匹座っているのです。清らかに、ほっそりと。――(3)白はただ恍惚《こうこつ》とこの犬の姿に見入りました。

**ウ**　白の体の色が突然変わってしまったこと。

**エ**　白がぐったりとして元気がないこと。

**オ**　白が突然家に帰って来たこと。

**解答への補助線**　**波線部とあるが、何に驚いたのか。本文中の語句を用いて十字前後で書いてみよう。**【15点】

**問四**　傍線部③とあるが、このときの白の気持ちとして最も適切なものを次から選び、記号で答えなさい。【20点】

**ア**　ご主人様が黒い体の自分を白だと見分けてくれたことに深い喜びを感じている。

**イ**　白い体に戻り、ご主人に白として見てもらえているという事実に感動している。

**ウ**　ご主人様のもとに戻って来た自分ではない白を見て、自分はご主人のもとを去ろうと決意を固めている。

**エ**　自分の居場所である犬小屋を懐かしく感じ、残しておいてくれたご主人様の優しさに心打たれている。

**オ**　真っ黒な体の色が、お嬢さんの瞳にだけ白く映っていることの不思議に打たれている。

# 第14回 現代文入門（小説②）

## 今回のポイント

- 人物の様子や言動から心情を読み取る。
- 誰の視点から見ているかを意識する。

/100

## 角田光代「鍋セット」

「これがいいわ。」

思いきり立ち上がった母ははずみでよろけ、体を支えようととっさに棚に手をつき、積んであった鍋がものすごい音を出して転がり落ちる。店内にいた客が㋐チンレツ棚から首だけ出してこちらを見ている。

「やだ、もう。」顔がほてるのを感じながら私はつぶやく。

「やだもうはこっちのせりふよ。」母も赤い顔をして、転げ落ちた鍋を懸命に元に戻している。「大丈夫ですかあ。」店員が歩いてくる。

A「あらまあ、ごめんなさいね、あのね、この子、春からこの先のアパートで一人暮らしをするの、それで鍋と思ってね、選びにきたんだけど、やだ、こんなにしちゃって。大丈夫かしら、㋑キズなんかついてない？　えーと、私が選んだのはどれだったかしら、しょうがないわねえ。」

おばさんらしい饒舌《じょうぜつ》さで母はべらべらとしゃべり、さっき選ん

**問一** 二重傍線部㋐～㋒のカタカナを漢字に改め、漢字には読みを書きなさい。　［5点×3］

| ㋐ | ㋑ | ㋒ |
|---|---|---|
| | | |

**解答への補助線** 母の言葉Aと Bの間の場面から、母親の表情を描写した部分を七字で探してみよう。　［10点］

**問二** A・B前後の場面から読み取れる母の様子の説明として最も適切なものを次から選び、記号で答えなさい。　［20点］

**ア** 店に迷惑をかけてしまったことを誠実にわびることで、近所に住む娘の印象をよくしようとしている。

**イ** 買い物に来た理由をきちんと説明することで、娘が近所に住むことを店員に印象づけようとしている。

**ウ** 一人暮らしを始める娘のことが心配で、自分の失敗を棚に上げて周りの人に娘のことを頼みこんでいる。

**エ** 失敗を取り繕おうとするが、あまりの動揺から一人暮らし

**角田光代**（出典：『Presents』2008年）

1967年（昭和42）～。神奈川県生まれ。作家。主な小説作品に『幸福な遊戯』『対岸の彼女』『八日目の蟬』などがある。随筆、翻訳も多数。

だ鍋を店員に押しつけるように渡している。鍋は大、中、小と三つあった。

「三つもいらないんじゃない。」

「いるわよ、小さい鍋で毎朝お味噌汁《みそしる》を作りなさい、大きい鍋は筑前煮《ちくぜんに》とか、あとお魚を煮るときにね。中くらいのはかぼちゃとか里芋とか、そういうちょっとしたものを煮るのに便利だから。」

まだ顔の赤い母は念押しするように説明しながら、バッグから財布を取り出している。

**B**「この子ね、初めて一人暮らしするんですよ。ご近所だし、何かあったらよろしくお願いいたしますね。」

母は若い店員に向かって頭を下げ、鍋を包んでいた店員は(ウ)コマったように私を見、かすかに会釈《えしゃく》した。

母とは店の前で別れた。アパートに行って荷ほどきをすると母は言い張ったが、一人で大丈夫だと私は繰り返した。

「そうね。これから一人でやっていかなきゃならないんだもんね。」

母は自分に言い聞かせるようにつぶやいて、幾度か小刻みにうなずくと、顔のあたりに片手を上げて、①くるりと背を向けた。振り返らず、よそ見をすることなく、日の当たる商店街を歩いていく。母に渡された重たい紙袋を提げ、②遠ざかる母の後ろ姿を私はずいぶん長い間眺めていた。

---

をする娘を思う気持ちが無意識に表れている。

**オ** 一人暮らしの娘のことを店員に頼みこむことで、自分の失敗をごまかそうとしている。

**問三** 傍線部①とあるが、このときの母の気持ちとして最も適切なものを次から選び、記号で答えなさい。〔20点〕

**ア** 娘が立派になったことを実感し、安心している。

**イ** 娘を独り立ちさせねばと、心配な気持ちを抑えている。

**ウ** 母親の好意を断った娘に腹を立てている。

**エ** 寂しそうではない娘の薄情さにあきれている。

**オ** もう娘を訪ねられない悲しみに耐えている。

**解答への補助線** **私は母がどうすることを期待して眺めていたのか。本文中の語句を用いて答えよう。〔15点〕**

**問四** 傍線部②とあるが、この時の「私」の気持ちとして最も適切なものを次から選び、記号で答えなさい。〔20点〕

**ア** あっさり去っていった母の薄情さにがっかりしている。

**イ** あの母親があっさり引き下がるはずがないと疑っている。

**ウ** まっすぐ去る母を見て、一人になる寂しさを感じている。

**エ** 一人ぼっちになる母親の今後の生活を心配している。

**オ** 母が戻ってきてくれることを確信している。

# 第15回 現代文入門（評論①）

**今回のポイント**

- 筆者の問題提起は何か。
- 問題提起に対する筆者の主張は何か。

／100

## 山崎正和「文明としての教育」

1 なぜ人は人にものを教えるのか。換言すれば、人はそれぞれに個性を持ち独自の自我を育んでいるにもかかわらず、その独自性と㋐矛盾しないかたちで普遍的な知識というものを教えることができるのか。考えてみれば、①これはなかなかに難しい問題です。

2 その根拠を示す前に、まず指摘しておきたいことがあります。さまざまな文明に先立って、人間は動物としての、あるいは生物としての感覚のなかに、すでにしてある種の普遍性を持っているということです。ドイツの哲学者イマヌエル・カント（一七二四〜一八〇四）はそれを②「感覚の先験的形式」と名付けました。

3 じっさい、いろいろなことを経験するにつけ、その経験に先んじて、生まれつき知っていると思われることがいくつかあります。あるものがあるものの上にある、あるものがあるものの下にある、あるものがべつのものより大きい、あるいは小さい。そうしたことは経験を積み重ねて知るものではありません。なぜならば、あるものがあるものの上にある、あるものがあるものより大きいという経験をするには、上とは何か、大きいとは何かということが

**問一** 二重傍線部㋐〜㋒のカタカナを漢字に改め、漢字には読みを書きなさい。〔5点×3〕

㋐　　㋑　　㋒

**問二** 傍線部①の内容について述べた次の文の空欄A・Bに当てはまる言葉を、本文中からそれぞれ二字で書き抜きなさい。〔10点×2〕

人間は一人ひとり［A］があって、異なる自我を持っているのに、誰にでも同じように［B］的な知識を教えられるのはどうしてかということ。

A　　B

**解答への補助線** 傍線部②と反対の意味の語句を、3段落から十五字以内で書き抜こう。〔10点〕

山崎正和（出典：『文明としての教育』2007年）

1934年（昭和９）〜2020年（令和２）。京都府生まれ。劇作家。評論家。主な戯曲作品に『オイディプス昇天』、評論に『劇的なる日本人』『鷗外 闘う家長』などがある。

まずもってわかっていなければならないからです。どうやら私たち人間の感覚にはそうしたものが生まれつき備わっているように思われます。

**4** また人類は広く、「1」「2」「3」といった整数を知っていますが、この「1」という整数もまた先験的といえるでしょう。これは人がたくさんの一つのものを経験して、そこから帰納できる（イ）概念ではない。「たくさんの一つのもの」というとき、すでに「1」とは何かということを知っていなければならないからです。

**5** こうしたものを数える能力は、経験からは生まれてこないものであって、したがって先天的に備わった能力だと考えざるをえないのです。

**6** ただし、教育と関連していえば、ここがきわめて大事な点なのですが、最初に手ほどきをしてもらわなければ、こうした基礎的な能力も目を覚ましません。私たちは小さな子供を育てるとき、「上」とか「下」とか、「大きい」とか「小さい」とか、「一つ」とか「二つ」とか、生きていくうえでの基本を（ウ）ハンプクして教えます。その結果、いつの間にか子供は、内なる感覚の先験的形式を発見していく。

**7** どんなに個性的な人間にも、普遍的にものを考える可能性が潜在していて、しかしその顕在化は先達の手助けを必要としている。これこそが公的におこなわれる教育の根源的な基盤であって、③人が人に教える最大の所以《ゆえん》だといえるはずです。

---

**問三** 傍線部②についての説明として、適当でないものを次から一つ選び、記号で答えなさい。【15点】

**ア** 人間の感覚は、先行する経験をもとにして形づくられるものである。

**イ** 人間には、「1」という整数のように、生まれつき持っている概念がある。

**ウ** ものの大小を経験するには、それに先んじて「大きい」ということを知っていなければならない。

**エ** 人間のなかには、経験からは帰納できない、生まれつき備わった感覚が存在している。

**解答への補助線** 「人が人に教える」ことについて述べている段落の番号をすべて書き出してみよう。【完答10点】

**問四** 傍線部③について述べた次の文の空欄A・Bに当てはまる言葉を、本文中からそれぞれ二字で書き抜きなさい。【15点×2】

［A］の自我を持つ人間の中にも、共通して基礎的な能力が眠っており、それを呼びさますためには［B］が必要であるということ。

A

B

## 第16回 現代文入門（評論②）

**今回のポイント**

- 具体例の内容を的確に押さえる。
- 主題に関わるキーワードと、その言い換えに着目する。

／100

### 福岡伸一「やわらかな生命」

1 もし生命を構成するパーツのひとつが破損したり、抜け落ちたりしたら、生命はどうなるだろう。たちまち不具合が起きて、死に㋐イタるだろうか。

2 現在、科学はこれを実証することができる。①遺伝子ノックアウト、というバイオテクノロジーがある。細胞の中には細胞核があり、その中にDNAの細い糸が折りたたまれて格納されている。これをそっと引き出してくる。そして特定の遺伝子情報が書かれている部位の両側をミクロな外科手術によってチョンチョンと切り、その部分だけを抜き取ってしまう。残りの糸はつなぎなおしてそっと核の中に戻す。

3 この細胞から受精卵を作って、一匹のマウスを誕生させる。するとこのマウスの全身の細胞の、すべてのDNAから、特定の遺伝子情報が失われていることになるから、マウスはそのパーツを作り出すことができない。つまり、大事な部品ひとつを壊された（ノックアウト）マウスである。マウスはいったいどうなるだろうか。携帯電話のようにたちまち壊れてしまうだろうか。

**問一** 二重傍線部㋐～㋒のカタカナを漢字に改め、漢字には読みを書きなさい。【5点×3】

㋐　　㋑　　㋒

**問二** 傍線部①について説明した次の文の空欄に当てはまる言葉を後から選び、記号で答えなさい。【10点×2】

細胞内の糸のような A から特定の B を抜き取る技術。

ア 細胞核　イ DNA　ウ 遺伝子情報
エ 受精卵
オ 異常

A　　B

**解答への補助線** 筆者の実験結果がどの程度珍しいかがわかる一文を探し、初めの五字を書き抜こう。【10点】

**問三** 傍線部②とあるが、その説明として最も適切なものを次から選び、記号で答えなさい。【15点】

ア GP2は機能を持たない遺伝子だとわかった。
イ 遺伝子情報を適切に抜き取ることができなかった。

福岡伸一（出典：『やわらかな生命』2016年）
1959年（昭和34）～。東京都生まれ。生物学者。主な著書に『生物と無生物のあいだ』『動的平衡――生命はなぜそこに宿るのか』などがある。

**4** 福岡ハカセは、膵臓《すいぞう》や消化管で重要な機能を発揮していると考えられる遺伝子GP2をノックアウトしたマウスを苦労して作った。三年の月日とポルシェ三台分くらいの研究費がかかった。いったいどんな異常が生じるだろう。その異常によってGP2の役割が明確に判明する。固唾を飲んで見守った。ところが、である。マウスは五体満足に生まれてきて、すくすくと育ち、健康そのもの、どこにも異常がなかった。血液を調べても細胞を調べても正常。子孫も作るし、寿命にも影響がない……福岡ハカセは②研究の大きな壁にぶつかってしまった。

**5** 劇的な異常が出現すればすぐに論文発表できるけれど、結果がなければ報告もできない。しかしである。苦労して遺伝子ノックアウトマウスを作って、遺伝子の機能を調べようとしたが、特段の異常が出現しなかった、という研究結果は、実際のところ、表に出ないだけで、世界中にとてもたくさん事例がある。

**6** そしてむしろこのことが、生物は単なる機械ではない、という事実を(イ)端的に示しているのだ。福岡ハカセはそう確信するようになった。生命を構成するパーツには重複性がある。ひとつなくなっても他がそれを補う。パーツ構成にも可変性がある。メンバーが欠ければ、チームを編成しなおすことができる。機械のようにぎりぎりの構成で、一機能一部品ではない。(ウ)余剰があり、融通無《む》碍《げ》で、遊びがある。③生命の特性はその自由度にこそあるのだ。

ウ　GP2を抜いても内臓の機能は喪失しないとわかった。

エ　結果を分析するための研究費がなかった。

オ　研究のタイムリミットが来てしまった。

［　　］

**解答への補助線**　生物の「自由度」について述べた次の文の空欄に当てはまる言葉を、本文中からそれぞれ三字で書き抜こう。【10点×2】

生物を構成するパーツには［　　　］があり、その構成には［　　　］があるということ。

**問四**　傍線部③とあるが、その説明として最も適切なものを次から選び、記号で答えなさい。【20点】

ア　生物を構成する部分はそれぞれ一つの機能のみを果たし、状況に応じてはたらいたり休んだりする。

イ　生物を構成する部分は、すべてに同一の遺伝子情報が含まれているので、一箇所が欠けても補い合える。

ウ　生物を構成する部分は、それぞれ他のパーツに頼らなくてもはたらける、強固な仕組みを持っている。

エ　生物を構成する部分は、自らを作り変える力を持っており、刻一刻と変化を続けている。

オ　生物を構成する部分は、重なり合う役割を持ち、相互に支え合って生命を維持している。

［　　］

# 第17回 古文入門

今回のポイント

- ●歴史的仮名遣いの読み方を理解する。
- ●よく使われる古語を覚える。
- ●時刻や方角、月の表し方を覚える。

／100

## 歴史的仮名遣い

**1** 次の歴史的仮名遣いの五十音図の空欄①～⑤に当てはまる平仮名を正確に書きなさい。（2点×5）

| | | | | |
|---|---|---|---|---|
| あ | い | う | え | お |
| か | き | く | け | こ |
| さ | し | す | せ | そ |
| た | ち | つ | て | と |
| な | に | ぬ | ね | の |
| は | ひ | ふ | へ | ほ |
| ま | み | む | め | も |
| や | ① | ゆ | ② | よ |
| ら | り | る | れ | ろ |
| わ | ③ | う | ④ | ⑤ |

**2** 後の歴史的仮名遣いの言葉を、現代仮名遣いで書きなさい。（5点×6）

**歴史的仮名遣いを現代仮名遣いに直す方法**

(1) 語頭以外の「はひふへほ」→**「わいうえお」**に直す。

(2) ア・イ・エ・オ音にウ音が続くとき、
「あう」→**「オー」**と読み、**「おう」**と書く。
「いう」→**「ユー」**と読み、**「いう」**と書く。
「えう」→**「ヨー」**と読み、**「よう」**と書く。
「おう」→**「オー」**と読み、**「おう」**と書く。

(3) 「ぢ」「づ」「ゐ」「ゑ」「（助詞以外の）を」
→**「じ」「ず」「い」「え」「お」**に直す。

① つひに［　　］　② やう［　　］

③ けふ［　　］　④ ゆゑ［　　］

⑤ まゐる［　　］　⑥ みづ［　　］

## 古語

**3** 次の――線部の古語の意味として適切なものをそれぞれ後から選び、記号で答えなさい。（5点×4）

① あまたの人の心ざしおろかならざりしを、……（竹取《たけとり》物語）

ア 立派な
イ あちこちの
ウ 多くの

［　　］

② 行き通る人見て、あさましがり、……（宇治拾遺物語）

ア 驚きあきれ
イ 見苦しく感じ
ウ めずらしく思い

［　　］

③ 身の後の名、残りてさらに益なし。（徒然草《つれづれぐさ》）

ア そのうえ
イ まったく
ウ それでも

［　　］

④ 遠うより聞こゆるが、やうやう近うなりゆくもをかし。（枕草子《まくらのそうし》）

ア やっと
イ 急に
ウ だんだん

［　　］

## 古文常識

**4** 次は一月から十二月までの月の異名を示したものである。①～④の［　］に当てはまる月名を後の［　］から選び、記号で答えなさい。（5点×4）

| 月 | 異名 |
|---|---|
| 1月 | 睦月《むつき》 |
| 2月 | 如月《きさらぎ》 |
| 3月 | 弥生《やよい》 |
| 4月 | ［①　　］ |
| 5月 | 皐月《さつき》 |
| 6月 | ［②　　］ |
| 7月 | 文月《ふみづき》 |
| 8月 | 葉月《はづき》 |
| 9月 | ［③　　］ |
| 10月 | 神無月《かんなづき》 |
| 11月 | ［④　　］ |
| 12月 | 師走《しわす》 |

ア 水無月《みなづき》　イ 霜月《しもつき》　ウ 卯月《うづき》　エ 長月《ながつき》

**5** 次の干支《えと》を表した図の①～④の□に当てはまる動物の名前を後の［　］から選び、記号で答えなさい。（5点×4）

ア 寅《とら》　イ 戌《いぬ》　ウ 辰《たつ》　エ 未《ひつじ》

① ［　　］
② ［　　］
③ ［　　］
④ ［　　］

# 第18回 古文の読解

## 今回のポイント

●「古文入門」で学習した内容を生かす。

／100

## ●*浄蔵《じやうざう》が*八坂《やさか》の坊に強盗入《い》る事（『宇治拾遺物語』）

これも今は昔、*天暦《てんりやく》の㋐ころほひ《ころ》、①浄蔵が八坂の坊に強盗その数入り乱れたり。しかるに《ところが》、火をともし、太刀《たち》を抜き、目を見張りて、〔入門〕おのおの《みな》立ちすくみて、〔入門〕さらにする事なし。かくて数刻を《こうして数時間が》経《ふ》《経った》。夜やうやう明けんとする時、ここに浄蔵、*本尊に啓白《けいびやく》し《つつしんで申し上げて》て、「早く許し遣はすべし。」と申しけり。その時に盗人ども、㋑いたづらにて《何のかいもなく》②逃げ帰りけるとか。

注
*浄蔵…平安時代の僧。八九一～九六四年。
*八坂の坊…八坂寺。京都にあった寺院。
*天暦…元号。九四七～九五七年。
*本尊…寺院の中央にまつられ、信仰の中心となる仏像。

**問一** 二重傍線部㋐・㋑の歴史的仮名遣いを現代仮名遣いに直して、すべて平仮名で書きなさい。［10点×2］

㋐

㋑

**問二** 傍線部①とあるが、この後、強盗たちはどうしたか。最も適切なものを次から選び、記号で答えなさい。［15点］

**ア** 盗みを働いて、家に火をつけた。
**イ** 刀を抜いて、住人に乱暴をした。
**ウ** 見張りを立てて、順番に本尊を拝んだ。
**エ** 立ちすくんで何もしなかった。
**オ** 何時間も暴れ続けた。

**問三** 傍線部②とあるが、盗人が逃げ帰ったのはいつごろか。最も適切なものを次から選び、記号で答えなさい。［15点］

**ア** 夕暮れ　**イ** 夜中　**ウ** 明け方
**エ** 数刻　**オ** 日中

**宇治拾遺物語**

13世紀半ばごろ（鎌倉時代）に成立したとされる説話集。197話。日本を中心にインドや中国の説話もあり、登場人物は王や貴族から庶民まで幅広い。

# 検非違使忠明の事（『宇治拾遺物語』）

これも今は昔、忠明といふ検非違使ありけり。それが若かりける時、清水《きよみづ》の橋のもとにて京童部《きやうわらんべ》どもと㋐いさかひ《けんか》をしけり。京童部手ごとに刀を抜きて、忠明を立ちこめて《取り囲んで》殺さんとしければ、忠明も太刀《たち》を抜いて、御堂《みだう》ざまに《仏堂のほうに》上るに、御堂の東のつま《端》にも、あまた立ちて向かひ合ひたれば、①内へ逃げて、蔀《しとみ》のもとを脇に挟みて《蔀の下のほうを脇に挟んで》前の谷へ躍《をど》り落つ。蔀、風にしぶかれて《吹きつけられて》、谷の底に鳥の㋑ゐるやうにやをら落ちにければ《とまるようにそっと落ちたので》、それより②逃げて往《い》にけり《逃げ去った》。京童部ども谷を見おろして、あさましがり、立ち並《な》みて見けれども、すべきやうもなくて《どうにもしようがなくて》、やみにけりとなん《終わってしまったということだ》。

注
＊検非違使…犯罪を取り締まる役人。
＊清水…清水寺の「清水の舞台」のこと。
＊京童部…京の都のならず者。
＊蔀…建具の一種で、格子《こうし》の裏に板を貼った戸。

**問一** 二重傍線部㋐・㋑の歴史的仮名遣いを現代仮名遣いに直して、すべて平仮名で書きなさい。〔10点×2〕

㋐ 

㋑ 

**問二** 傍線部①とあるが、忠明が内に逃げた理由として最も適切なものを次から選び、記号で答えなさい。〔15点〕

**ア** 強そうな敵が襲いかかってきたから。
**イ** 数人の敵が襲いかかってきたから。
**ウ** 体の大きな敵が襲いかかってきたから。
**エ** たくさんの敵が襲いかかってきたから。
**オ** 剣の上手な敵が襲いかかってきたから。

**問三** 傍線部②とあるが、これを見たときの京童部たちの気持ちとして最も適切なものを次から選び、記号で答えなさい。〔15点〕

**ア** やり込められて怒り狂う気持ち。
**イ** 思いがけないことに驚く気持ち。
**ウ** 取り逃がしたことを悔しがる気持ち。
**エ** ふるまいの下品さを軽蔑する気持ち。
**オ** ゆかいなものを見て喜ぶ気持ち。

# 第19回 漢文入門

今回のポイント

●訓読のきまりを理解する。

／100

## 漢文の基本構造

漢文の構造は、日本語の文の構造とは語順などが異なるところがある。次の漢文の基本構造を覚えておこう。

(1) 主語の次に述語がくる。

(2) 主語―述語の次に、目的語や補語がくる。

(3) 修飾語は被修飾語の直前にくる。

**1** **次の熟語を、例にならって日本語の文に改めなさい。**（5点×4）

例 読書 〔書を読む。〕

① 着席 〔　　〕

② 日没 〔　　〕

③ 暗示 〔　　〕

④ 清流 〔　　〕

## 訓読のきまり

漢文を日本語の読み方に翻訳して読むことを**訓読**という。このとき、日本語の文と構造の異なる漢文を読むために考えだされたのが、**訓点**（送り仮名と返り点）である。

送り仮名　訓読するために補う活用語尾や助詞などをいい、漢字の右横下にカタカナで記す。

返り点　語順を日本語の文に合わせるために、下から上の漢字に返って読むことを示す符号。漢字の左下に記す。

◆**レ点**　…すぐ上の漢字に返って読む

1 3レ 2。

◆**一二点**…二字以上隔てて返る（一・二・三……）

3二 1 2一。

◆**上下点**…一二点を間に挟んで返る（上・中・下）

5下 3二 1 2一 4上。

※「レ点」は、「一点」や「上点」を組み合わせて「一レ」「上レ」のように用いられることもある。

◆**一点＋レ点**　4二 1 3一レ 2。

◆**上点＋レ点**　6下 3二 1 2一 5上レ 4。

## 2 次の□に返り点に従って読む順序を算用数字で書きなさい。（完答5点×9）

例 1 3 レ 2 。

① □ レ □ □ 。

② □ □ レ □ レ □ 。

③ □ 二 □ □ 一 □ レ □ 。

④ □ 二 □ レ □ □ 一 。

⑤ □ □ 下 □ 二 □ □ 一 □ 上 。

⑥ □ 三 □ □ □ 二 □ □ 一 。

⑦ □ 下 □ □ 中 □ 二 □ □ 一 □ 上 。

⑧ □ □ 二 □ □ 一レ □ □ 。

⑨ □ 下 □ 二 □ □ 一 □ 上レ □ 。

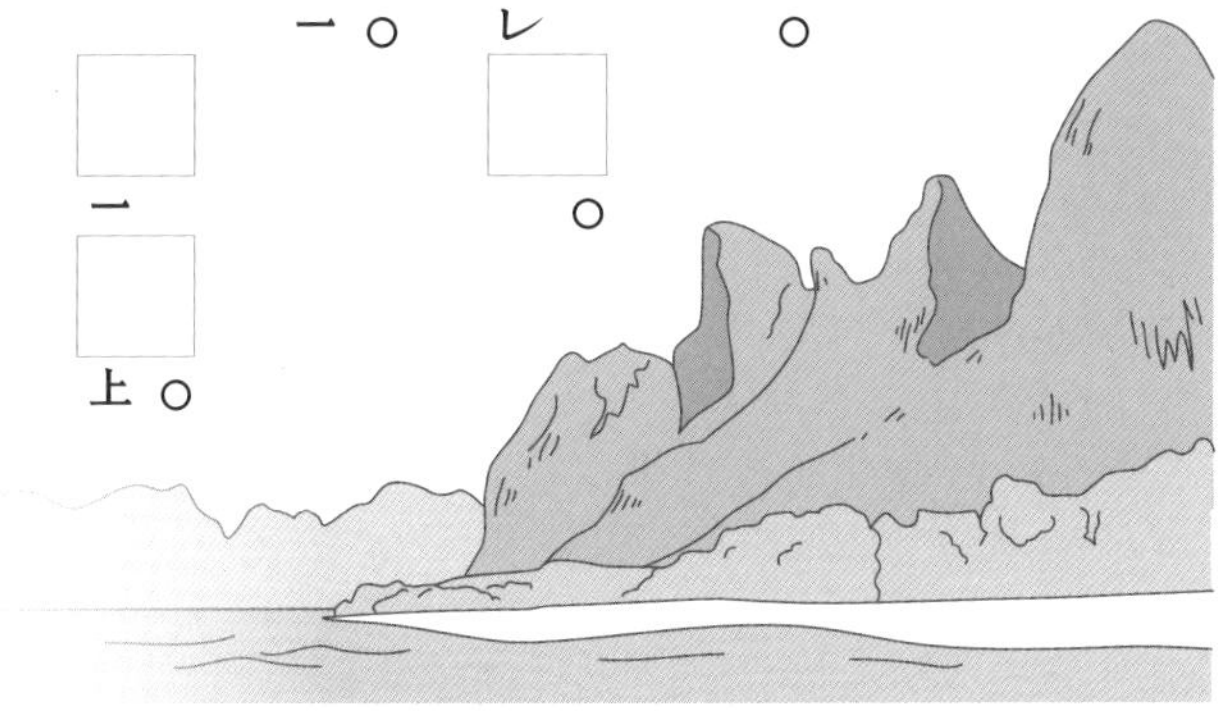

## 3 次の□内の順序で読めるように返り点をつけなさい。（完答5点×5）

① 3 1 2 。

② 5 1 3 2 4 。

③ 1 5 2 4 3 。

④ 7 3 1 2 4 6 5 。

⑤ 3 1 2 7 5 4 6 。

## 4 次の漢文を、訓点に従って書き下しなさい。（5点×2）

例 転《ジテ》レ禍《わざはヒヲ》為《なス》レ福《ト》。

［禍ひを転じて福と為す。］

① 王欲《ほっス》レ伐《うタント》レ胡《こヲ》。

［　　　　］

② 送《おくル》三元《げん》二《じノ》使《つかヒスルヲ》二安《あん》西《せいニ》一。

［　　　　］

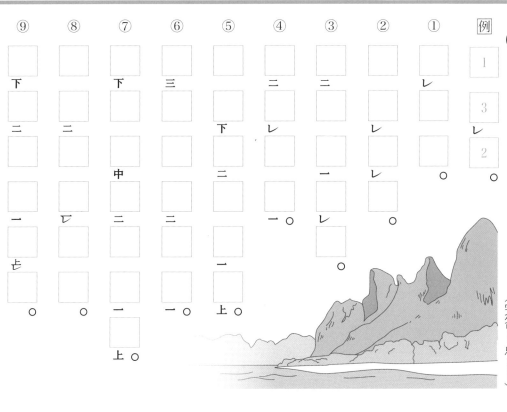

第20回

# 文学史の知識

今回のポイント

●近代文学・古典文学の作家と作品を知る。

／100

冒頭文

**1** **次の文章は、有名な文学作品の冒頭部分である。作品名と作者名を後の［　］から選び、それぞれ記号で答えなさい。**（4点×10）

① 春は、あけぼの。やうやう白くなりゆく、山ぎは少し明かりて、紫だちたる雲の細くたなびきたる。

作品名［　　］　作者名［　　］

② メロスは激怒した。必ず、かの邪智暴虐の王を除かなければならぬと決意した。

作品名［　　］　作者名［　　］

③ 月日は百代《はくたい》の過客《くわかく》にして、行きかふ年もまた旅人なり。舟の上に生涯《しやうがい》を浮かべ、馬の口とらへて老いを迎ふる者は、日々旅にして、旅を栖《すみか》とす。

作品名［　　］　作者名［　　］

④ 親譲りの無鉄砲で子供のときから損ばかりしている。小学校にいる時分学校の二階から飛び降りて一週間ほど腰を抜かしたことがある。

作品名［　　］　作者名［　　］

⑤ つれづれなるままに、日暮らし硯《すずり》に向かひて、心にうつりゆくよしなしごとを、そこはかとなく書きつくれば、あやしうこそものぐるほしけれ。

作品名［　　］　作者名［　　］

作品名

ア 奥の細道　イ 徒然草《つれづれぐさ》　ウ 走れメロス
エ 坊っちゃん　オ 枕草子《まくらのそうし》

作者名

a 太宰治《だざいおさむ》　b 清少納言《せいしょうなごん》　c 兼好《けんこう》法師
d 松尾芭蕉《まつおばしょう》　e 夏目漱石《なつめそうせき》